Une vie au travers d'expressions poètiques

Éditions Graziel – Dépôt Légal: Septembre 2019

ISBN: 979-10-93846-14-9

Éditions Graziel
9, chemin des Barroutiers
81300 Graulhet
Tel: 09 52 05 40 15
Fax: 09 57 05 40 15
RCS: Castres B 801 370 800

courriel: **infos@graziel.com**
site web: **www.graziel.com**

Auteure :Monique Chappert Catusse

Au menu

Préface....6
Cantiques A la Nature....9
Harmoniques....10
Hôtel Particulier....12
Sombre hiver....14
Le village au cœur blanc de neige....16
Le vol des étourneaux....18
Les Jardins de l'Âme....19
Monsieur du Corbeau....23
Prélude automnal....24
Les roses du bonheur....26
Sa Seigneurie...Le chat....28
Séduisante nature....30
Un Amour de Printemps....31
Ballades Philosophiques....33
Crises....34
Désert de Lumière....37
Dialogue avec la mort....38
Mystères de l'univers!....42
Existences....44
Forces de vie....46
Humilité, Humour, Amour....48
La liberté....51
Le Tao....52
Levain de Fraternité....55
Obscure et claire conscience....56
Oraison au Dieu de mon cœur et de ma compréhension 57
Petit Bonheur....59
Trois mots !!!....61
Utopique rêverie....63
La Prière....65
Au fil des Souvenirs....67
Ma Maison en Hiver....68
Mon village « Lou Frayssé »....71
Nativité....72
Hommage à mes semblables....74
La Mouline....76

Le battage....78
Parfums de Voyages....81
Elle coule... coule...coule, la Seine....82
Montagnes Pyrénées....85
Occitanie....86
Perle d'Occitanie....89
Saint -Petersbourg...La belle....91
Troubadour....92
Rire, Humour et Fantaisie....95
Amaury et sa tactique....96
Chronique villageoise....98
Éléonore toc- toc,....101
En direct des étoiles, une « Gémeaux »....102
Germain est parti dans la lune....104
Le Rire... ou la Philosophie du Bonheur....107
Salut petit Scorpion....110
Romantisme et Sentiments....113
Bébé d'amour....114
Jolie fleur de Printemps....117
La Promesse....118
Les flonflons de la Rencontre....120
Requête aux époux....122
Nous vieillissons ensemble....125
HAÏKUS....127
Remerciements....131

PRÉFACE

Ami Lecteur

Découvrir un matin, au fil des jours, des mois, des ans, un nouveau poème sur l'ordinateur, telle est la belle aventure que j'ai vécue tout au long de ces nombreuses années...

M'approprier cette nouvelle prose, la lire et la relire, retoucher la ponctuation, vérifier un accord et donner mes impressions, telles sont les missions confiées par l'Auteure...

Une « belle personne » qui m'est particulièrement chère, avec qui je partage ma vie depuis quelques cinquante cinq ans et dont je découvre encore, poème après poème, une parcelle de sa riche personnalité, tellement attachante et profonde !...

Au fil des pages, bien plus vite que moi, vous allez découvrir sa façon d'écrire, son style alerte, concis, un vocabulaire simple, une construction de phrase élégante, parfois surprenante.

Comme moi, vous allez un peu mieux cerner le personnage à chaque nouvelle lecture au travers de thèmes toujours renouvelés, inattendus, débordant de joie ou empreints de tristesse, superficiels ou plus spirituels tels le « Vol des étourneaux » ou «Le Rire » ou encore « Dialogue avec la Mort » témoins d'une imagination sans borne guidée par l'humeur du moment, l'ambiance d'un lieu, la nostalgie d'un souvenir, l'évocation d'un lendemain…

Une personnalité façonnée par l'expérience, qui se veut témoin de son temps qu'il soit présent, passé ou évocateur d'avenir, souvent enrichie d'une réflexion philosophique, souvent empreinte de spiritualité et toujours ancrée sur le réel.

Une page de vie qui s'étale devant vous et qui ne devrait pas vous laisser indifférent.

Bonne lecture à Vous l'Ami

Gérard

CANTIQUES A LA NATURE

Il n'est pas d'hiver sans neige,
de printemps sans soleil, d'été sans chaleur
et de joie sans être partagée

Inconnu

Harmoniques

Loin des cités enfiévrées
J'allais sur les sentiers
Ressentir les parfums subtils
De la brise au matin d'avril.

La flore champêtre
Orchestrait musette,
Le ciel se faisait écho
Du doux chant de l'oiseau.

La rosée printanière
S'irisait de lumières
Le soleil, de surcroît,
Jouait sur ces miroirs.

Dans la forêt mystérieuse,
Je me glissais silencieuse,
Enivrée par l'odeur suave
Des clairières sauvages.

Le vent caressait les bourgeons
Des châtaigniers en frondaison
Muets, mes pas s'enlisaient
Dans la moiteur de l'humus épais.

La sérénité de ces harmoniques,
Façonnait un charme magique,
Tandis qu'au loin sonnait l'angélus
Puissant appel au divin salut.

Hôtel Particulier

Plumes légères sont les pas de Minet,
Je ne l'entends point déambuler
Sur le vieux plancher du grenier,
Ses honorables et distingués quartiers.

Il semble ostensiblement ignorer
Toute vie à ses côtés. Il s'est retiré,
Préférant assumer sa superbe indépendance,
Sans nul besoin de trouver assistance.

Bien au-delà de toute apparence,
Minet, subtilement, mène la danse,
Le silence verbal touche bientôt à sa fin,
Un appel insistant témoigne de sa faim.

Vos précieuses habitudes, il les connaît,
Et fait en sorte de se les approprier,
Il abuse souvent de vous pour mieux vous enferrer
Dans ses griffes exigeantes d'enfant gâté.

En faction devant la porte, il opère un incessant ballet
Entre désirs de prétentaine et retours au foyer,
Sa volonté bruyante, il vous l'impose
Quoi que vous fassiez, elle triomphe.

Le sommeil des justes, vous appréciez
Sans Minet dormant à vos cotés !
Mais il a souvent le doux privilège du partage,
Et au petit matin, à vous soustraire du lit, il s'engage.

Dans le bestiaire des malins,
Minet se comporte en souverain
Et vous rappelle sans ambiguïté,
Que vous êtes chez Lui, pour le servir et l'aimer.

Sombre hiver

Un ciel pansu de grisailles floconneuses
Caresse une terre froide et laiteuse.
Le jour naissant s'efface sans bruit
Vacillant en couleur de nuit.

Le Vieil impénitent a ravivé ses frasques
Une opaque densité durcit son masque,
Tout est sombre tableau de blanc pastel
Mêlant à l'infini deux mondes irréels

Un peuple étrange d'objets inanimés,
Pétrifiée par un souffle d'éternité,
Se range en silhouettes informes
Sous un linceul servant d'uniforme.

La terre spectrale momie grisâtre
Corps gisant aux teintes d'albâtre
S'endort subitement piégée
Sous une épaisse moiteur glacée.

Le village au cœur blanc de neige

L'hiver s'installe
Avec, dans ses malles,
De vaporeux brouillards
Et neiges blafardes.

Irréel et diaphane
Apparaît le village,
De gris perle entoilé
Il paraît envoûté.

Merveille du faste,
L'incandescence de l'astre
Éclat à l'horizon accroché
Lui confère douceur et beauté.

Rabougries et empesées
Sous une chape bleutée,
Les maisonnettes se resserrent
Et respirent à peine.

Sur le clocher protecteur
La girouette, de sa hauteur,
Écoute les bribes de vie
Dans les bruits assourdis.

Au loin, les rides de la terre,
Imberbes de toute matière
Mugissent sous les coups du vent
Qui façonnent leur habit blanc.

Le vol des étourneaux

Se jouant de l'instant,
De l'air et du temps,
Un bruissement puissant et vif
Jaillit d'un empressement furtif.

Multitude venue d'ailleurs,
Des trublions frénétiques et piailleurs,
Embrasent l'azur de milliers de points noirs
Cherchant avec maestria le repos du soir.

Un ballet de vagues sombres, folles de liberté,
Agitent le ciel d'audaces endiablées,
Fusion de virtuosité et d'instance clameur
Leur vol étrange laisse un soupçon de frayeur.

Les Jardins de l'Âme

Le jour s'éparpille
Et secoue ses guenilles,
La bise se fait tendre
Et chante le printemps.

Le hardi Perce Neige
Tout blanc de neige
A dame Primevère
Va céder le parterre.

Le Crocus son cousin
Se met en chemin
Et sonne clochettes
Pour célébrer la fête.

La fière Jonquille
D'or se maquille
Pour dire bonjour
Au gentil Coucou.

La timide violette
Cache sa toilette
Et le ciel se penche
Sur le bleu pervenche.

L'odorante Narcisse
Jamais ne s'esquive
Et s'enivre de rêves
Dans le bouquet champêtre.

La Renoncule butine
Le soleil à mâtine
Et roucoule d'espoir
Lorsque tombe le soir.

Myosotis, mon ami,
Garde-nous de l'oubli
Bien aimé des Pensées
Inspire leur beauté.

Si votre cœur chavire
Un jour de tendre bise
C'est de l'âme des fleurs
Que vous vient ce Bonheur.

Monsieur du Corbeau

Il est tristement noir
Du matin jusqu'au soir,
Il accompagne les jours gris,
Les jours sans fantaisie.

Il hante les montagnes
Mais aussi les campagnes,
Son œil aux aguets
Le rend indiscret.

Dans un croassement d'effroi,
Lentement il se déploie
Et sur la branche du pommier,
Il semble vous épier.

Il est là, partout à grenouiller,
La fièvre harceleuse et le bec acéré.
Il est là à se jouer de notre sérénité,
Avant de porter ailleurs son message ensorcelé.

Prélude automnal

L'impermanence du temps
En quatre mouvements
Secoue d'une longue césure
La festive et fière nature.

La parturition estivale s'achève,
Ses mânes pour l'hiver s'abritent.
Une terre prodigue se meurt
D'une douce et morne langueur.

Sillons ouverts par la charrue,
Glaner aux champs nous n'irons plus.
Le soleil pale et pudibond,
Se gorge de tons en déclinaisons.

Dans l'air humide et presque froid
L'homme, pour s'ébaudir, jette l'effroi,
Au petit bois, nous n'irons plus,
Terrassé d'un cri, l'animal s'est tu

Au galop d'un pur sang, s'efface le jour
La nuit triomphe dans ses atours
Aux rendez-vous stellaires nous n'irons plus
Le ciel se ouate et nous cache Vénus.

Déjà, le violent tumulte des vents,
Emporte d'un souffle insolent
Les parures royales desséchées
Des grands feuillus décharnés.

Craquettent sous nos pas crispés
Leurs épaves sèches et mordorées
Émouvante complainte en clé de sol
Tendues vers de plus tendres bémols.

Les roses du bonheur

Que vous êtes jolies
Dans mon jardin, fleuri
Carnation veloutée
Frémissantes de beauté.

Vos cœurs tendres me taquinent
D'une grâce poétique
Lorsqu'au petit matin
Vos larmes sont de satin.

Goûte de sang, perlée de rubis,
Ou blanche pureté d'un lys
Il émane de vous
Un langage d'amour.

D'un éclat sans pareil
Sous l'ardeur du soleil
En de secrètes essences
Se mêlent nos confidences.

Mes lèvres vont chercher
Vos élans parfumés,
Et se grisent d'instants
Délectables et troublants.

Vous habillez de lumière
Le pays de mes rêves,
Et fleur parmi toutes les fleurs
Une seule suffit à mon bonheur.

Sa Seigneurie...Le chat

De bon gré, rebelle inconséquent,
Incorrigible bavard, fauve assurément,
Ce compagnon au pelage si doux,
S'éveille juste à la tombée du jour.

Curieux, tout l'attire ou l'inquiète.
Mais l'élégance inspire ses manières.
Frissons d'aventures et câlins enjôleurs,
De son charme, il donne le meilleur.

Amoureux de son indépendance,
Il se moque bien des convenances ;
A son heure, il nous fait l'honneur
De partager intrigues et bonheurs !

Besogneux, mais délicat, notre ami
Va quérir son repos et s'alanguit,
Il aspire à l'ultime récompense :
S'adonner à une noble détente.

Saisi d'une lascive paresse
Appuyée de subtiles arabesques,
Il nous salue de sa voluptueuse beauté
Indolente à l'aube de toute félicité.

Dans son regard évanescent
Une lumière profonde y descend,
Impassible, singulier et mystérieux,
Il s'endort paisible, en maître des lieux.

Chut ne réveillons pas sa Seigneurie,
Elle est sur son Olympe !!!!

Séduisante nature

Un prisme de lumière
Jouait sous la tonnelle
Grisant mes paupières
Jusqu'au cœur des prunelles.

Mes pensées souriaient
Au concerto d'émotions
Que les bruits emportaient
Comme d'amples moissons.

L'air butinait les fragrances
Des mimosas et des jasmins,
Effluves et rêves d'abondances
S'exaltant sans trouble ni confins.

Un Amour de Printemps

De sa cape d'hermine, l'hiver s'est retiré,
Comme une mariée au soir d'épousailles,
La terre par le Printemps honorée,
Fait, avec bonheur, renaître ses entrailles.

S'éveille alors une manne flamboyante
D'odeurs, de couleurs et de bruits.
Ce sont les amours juvéniles et pétillantes
Du ciel, du vent, du soleil, de la vie.

Jolies colombes dans l'azur velouté,
Fraîches corolles aux senteurs ardentes
Vos graciles et tendres hyménées
Rendent pétillants tous les Printemps.

BALLADES PHILOSOPHIQUES

Que la force me soit donnée de supporter ce qui ne peut être changé et le courage de changer ce qui peut l'être...
Mais aussi la sagesse de distinguer l'un et l'autre

Marc Aurelle

Crises

Pourquoi souiller la terre
De nos boues, de nos misères ?
Du fiel coule de nos lèvres
Amèrement gorgées de fièvre.

Jouons-nous avec zèle
De sentiments rebelles
Pour tapisser nos murs
De mots tristes et durs ?

Funestes frissons,
Nos cœurs en déraison
S'enlisent au fils des jours
En renégats d'amour.

Vies meurtries, en dérive
Par le temps et ses rides,
Sommes-nous des enfants
En rupture de bans ?

Au firmament l'étoile du berger fièrement scintille
Et sous nos pieds, la terre de prospérité palpite.
Verrons-nous leurs beautés
Combattre nos préjugés ?...

Désert de Lumière

Terrifiantes armées des ombres
Farouchement mornes et sombres,
Monde obscur de froides ténèbres,
De craintes m'angoissent sans trêve.

Mes spéculations fatales
Ravivent une peur ancestrale,
Prisonnière d'un monde inconnu,
Je lui suis étrangère, il est absolu.

Une mécanique impassible et obsédante
Broie mes doutes de plus en plus présents
Et je vais, glissant sans bruit ni fin,
Vers un jour sans lendemain.

Mon cœur de mille façons,
Se prive d'espoir et de raison
Mon âme erre à la dérive
Tourmentée, paralysée et enlisée.

Face au désert de mes funestes chimères,
S'égare l'harmonie de mon être,
Endeuillant toute joie, force et fierté,
D'espérer une résolution d'amour et de prier.

Dialogue avec la mort

Inlassablement, tous les jours,
elle passe devant ma porte
Et sourit aux tâches quotidiennes qui
dans l'action, m'emportent
Vis profondément, me suggère-t-elle,
l'espérance de ce nouveau jour
C'est la raison pour laquelle,
je fais volontiers un immense détour.

Mon archétype, dit-elle dans l'esprit des hommes,
inspire un triste symbole :
Cette impermanence du temps qui se renouvelle,
fuit et s'envole
Immuable, intemporelle, universelle,
j'ai le visage de celle qui prend
Et jamais, au grand jamais,
à la vie convulsive de ce monde ne rend.

Aux quatre coins de la terre reprend-elle,
je me love au cœur de toute naissance,
J'entends l'appel du vieillard épuisé,
perdu dans un regard sans nuance
Et me glisse sans bruit dans une affection
qui ronge les chairs et maudit l'espoir

Pour que s'accomplisse une tâche libératrice
digne de mon louable devoir.

Mais, dis-je indignée, je ne puis accepter
qu'à cette femme dans la joie d'espérer
Tu ravisses odieusement et sans coup férir,
son seul enfant nouveau né !
Te nourrirais-tu, encore et encore,
de sa révolte et de son indicible tourment
Pour mériter sans exception, l'opprobre
qui marque ici-bas tes actes déchirants ?

Je comprends ta colère dit-elle,
devant l'impassible austérité de ma part d'ombre,
Celle qui fait éclater avec passion
les douleurs et les émotions des hommes.
Il se peut aussi que les forces de vie
supplantent mon élan funeste et fatal
Vous laissant l'immense grâce
de transcender et féconder ce mal.

Le temps apportera à cette femme
l''insoupçonnable pouvoir d'avancer
Et d'ouvrir plus grand son cœur
à ceux que la vie n'a pas su protéger,
La force de son amour sera donnée

à ces enfants qu'elle n'a pu concevoir,
La vie la bénira dans cette joie retrouvée,
visage d'un nouvel espoir.

Voudrais-tu, ajoute-t-elle, pour toi-même
une vie sans trêve ni fin ?
Souhaites-tu ensemencer la terre
de tes erreurs dans un incessant regain ?
N'as-tu pas mieux à faire
qu'à t'approprier cette vie aux imparfaites manières?
Libère ton envie d'éternité terrestre,
et pense à secourir ton âme prisonnière.

Lorsque tu auras suffisamment provoqué
les forces obscures de la terre,
Appris à régler tes conflits
et progressé dans la connaissance de ton être,
Au terme de ton voyage, tu aimeras poser
sur mon épaule ton lourd fardeau.
L'alléger sera ma part de lumière
et l'ouverture céleste sur les arcanes d'un renouveau.

Quand l'heure de te quérir viendra,
susurre-t-elle, pour accomplir ta quête initiatique,
M'ouvriras-tu la porte dans l'abandon,
la confiance et la sérénité du mystique?

Désormais, si tu voulais accepter d'anoblir ma tâche
jugée injuste et sournoise,
C'est qu'enfin tu m'auras justement regardée
et nommée, pour mieux m'apprivoiser.

Mystères de l'univers!

Je rêvais, la tête dans un monde de lumière,
L'esprit conquérant et l'espérance fière.
Mélomane, le vent du soir se faisait doux,
La nuit et ses lueurs cendrées effaçaient le jour.

Les étoiles donnaient au ciel leurs plus belles parades
Et l'univers semblait se réjouir d'une telle ambassade,
Face à l'immensité de cette solennelle beauté,
Je frissonnais, tant foisonnaient mes pensées.

Très loin, sans fin, un manège tournait ;
Sa musicale beauté m'ensorcelait.
Avide, j'entrais dans son tourbillon,
Pour m'y noyer d'un millier de questions.

Sourde aux bruits de la terre,
Je n'étais qu'un point dans cette immense sphère,
Peut-être, un électron embarqué
Dans cet univers qu'il ne peut apprivoiser.

Mon esprit s'égarait dans de troublantes visions,
Lorsqu'une douce pensée éclaira mon horizon.
Serais-je le reflet de ces miroirs du ciel
Tombés d'une aurore aux couleurs de miel ?

Même si le sang du cosmos coule dans mes veines,
Plus les jours s'enfuient, plus grand est le mystère !
Et tant qu'avec ma vie l'ouvrage ne s'achève,
De la connaissance, je serai toujours l'élève.

En parenthèse, j'ai placé mes certitudes
Et ne compte plus les points ni les virgules.
Je suis dans un présent et simplement j'espère,
Que dans la grâce d'une fleur et la beauté d'une prière,
Habite l'étincelle
De la lumière éternelle.

Existences

Difficile il est d'être aimé
Pour soi, pour ce que l'on est.
Difficile est le don d'amour
Singulier et parfois sans retour.

Nos vies sont des mystères joyeux,
Nos vies sont des mystères douloureux,
Ils sont l'existence, ils n'ont pas d'âge,
Nous sommes tous du voyage.

Différents et semblables,
Solitaires et vulnérables,
Notre marche est aveugle
Et avance sans preuve.

Innocentes danses de vies
Qui pleurent et qui sourient,
Balayant nos espoirs
Dans l'écume d'un soir.

Puissent les tourments
Ne pas nous enterrer vivants
En exprimant nos peines
Apurées de leur haine.

Embrassons nos vies sans offense
Et regardons le ciel et sa magnificence.
Pour que nos cœurs s'embellissent
En s'ouvrant de compassion
Aux errances de toutes nos passions

Forces de vie

Crie ta colère
C'est le sel de la terre,
Si tu la reconnais
Tu en seras libéré.

Crie ta souffrance
Pour accueillir l'espérance,
Tu y mettras un nom
Pour la vivre d'une autre façon.

Crie ta haine,
Elle pourrait être vaine
Si ton cœur ne se façonne
Par la tendresse que tu te donnes.

Crie ta peur,
Elle te met dans l'erreur
De croire qu'il n'y a plus
D'amour dans l'absolu.

Mais crie aussi ta joie,
Elle n'est pas hors la loi.
C'est un enfant divin
Qui te prend par la main.

C'est une onde d'amour
Qui embellit tes jours,
C'est un parfum de rose
Qui jaillit d'une osmose.

Humilité, Humour, Amour.

Charmante trilogie
Empreinte de philosophie,
Puissantes alchimies
De l'âme et de l'esprit,
Sur elle repose la vie
Quand elle se veut harmonie.

Humaines créatures,
Sur terre se joue l'aventure.
Pour grandir en sagesse,
Reconnaissons nos faiblesses.
L'Humilité est espiègle,
Elle est ombre et lumière.

Jouons avec les mots,
Ils sont divinement beaux.
Jouons avec le rire
Il nous anime et nous câline.
L'Humour est joyeux
Par manque de sérieux.

Ouvrons nos cœurs
A ce qu'il y a de meilleur ;
Faisons de la liberté
Un chant de fraternité ;
L'Amour est habile,
Il nous rend utile.

La terre nous aime
Et le ciel nous vénère.
Si de puissantes énergies
Traversent nos esprits,
Notre arbre de vie
Offrira de biens jolis fruits.

La liberté

Fleuron de nos humanistes valeurs,
La liberté sème la paix et l'équilibre des bonheurs.
Elle nous invite aux choix des actes et des pensées
Dans le respect d'autrui et de nos volontés.

Donner à chacun le droit d'exister,
Nous le devons à notre chère liberté
Laquelle nous demande souvenance
Des mots Respect, Partage et Tolérance.

Beaucoup meurent pour la conquérir,
D'autres luttent pour la maintenir
N'oublions pas le siècle des Lumières
Ses forces vives et ses prières.

Son chemin est fragile mais conduit avec fierté
A dépasser l'égotisme de sa propre identité.
Sereinement éclairés par l'esprit des libertés
Vivons le pleinement dans nos sociétés.

Faisons le ensemble grandir et s'éveiller
Sur un vent de fraternité et d'égalité,
Afin qu'elles ne puissent se combattre
Mais s'enrichir de leurs forces disparates.

Le Tao

Si l'on tient pour égaux,
La déception et la satisfaction,
La richesse et la pauvreté,
Le plaisir et la peine
La victoire et la défaite...

Nous sommes dans l'unité et l'harmonie du tao,
L'esprit agile et souple comme l'eau du ruisseau.
Libre de toute empreinte et attachement,
Loin de l'emprise du mal et de ses tourments,
Paisible, le cœur s'abandonne confiant
A la beauté originelle de l'être primordial.

Levain de Fraternité

Dans un monde en folie
Au goût amer et de cendres
Jaillissent des cris d'agonie
Sur d'immondes souffrances.

Sur ces pâles horizons
Tous de sang empourprés
Fragile fleur en bouton,
Une Europe nous est née.

Douce enfant de nos chimères,
Donnons-lui force et tendresse,
Un jour, elle sera prospère
Pour rayonner de sagesse.

Symbole de toutes nos libertés,
Elle sera lumière d'humanité
Pour que les hommes de toutes nations
Servent ensemble les mêmes ambitions.

Obscure et claire conscience

Lorsque dans les bras de Morphée, je suis,
Tu me fais acteur d'une divine comédie,
Sous le masque d'Arlequin, je vis,
Je suis moi, toi et bien d'autres aussi.

Images vibrantes du tréfonds des mondes,
Violentes ou caressantes comme une onde
De moi, tu te joues sans vergogne,
Artificier de l'âme, tu connais ta besogne.

Sous les feux de la rampe, je me consume,
L'orchestration n'est pas à ma mesure.
Broyée par les facéties de mon infortune,
La mise en scène incline au ridicule.

Artiste vénérable, au petit jour, tu me quittes,
Ton alchimique magie s'est enfin accomplie,
J'ai dansé dans tous mes abîmes
Pour rallier l'inconscient dont je me suis nourrie.

Demain, tu reviendras encore et toujours.
M'accompagnant sans cesse au fil des jours
Sur l'autre rive de mes nocturnes séjours
Toi le Rêve, obscure et claire conscience de tous.

Oraison au Dieu de mon cœur et de ma compréhension

Pour ma grogne qui requiert Ta force,
Pour mes exigences qui Te veulent immense,
Pour mes colères qui se veulent prières,
Pour mon humaine condition qui Te demande raison.

Pour bercer d'espoir mes travers,
Lorsque les vents brûlants du désert
Soufflent sur mon âme les feux de l'enfer.
Pardonne-moi, mon Dieu, d'attendre de Toi
Un ciel miséricordieux d'amour, d'espérance et de joie,
Pour me dire sans crainte, que je compte pour Toi.

Petit Bonheur

Il était une fois, un tout Petit Bonheur,
Si plein d'amour et de grandeur
Qu'il demanda aux cieux sa pleine liberté,
Afin d'aider les hommes à vaincre leur morosité.

Sur terre, il descendit avec piété, prêt à semer
Une graine de félicité au cœur de l'humanité ;
L'Homme envieux s'empara de lui comme d'un trophée,
Il en fit son esclave, son diktat, sa volonté.

Petit Bonheur offensé refusa d'être pris en otage,
Ne voulant pas offrir sa force joyeuse sans partage ;
Je suis venu en vos cœurs, dit-il,
sans mesure de complaisance,
Et sans désir de bénir
tous vos souhaits de concupiscence.

Embrassez la vie de tous les jours
avec des yeux d'enfants
Qui vivent le merveilleux à chaque instant,
Sans besoins superflus ni tyranniques,
ils jouent la confiance

Et se contentent d'aimer dans une insouciante impatience.
Écoutez, dit-il, votre profonde et subtile conscience,
Elle vous dira qu'il n'y à point de secret ni de science.

Pour accéder au bien-être et concevoir la vie,
Nourrissez-vous d'amour, distillez douceur et harmonie.

Regardez avec gratitude
la chaleur du soleil vous envelopper,
Remerciez avec bonté la lune
et les étoiles de faire briller vos soirées.
Cultivez l'esprit d'ouverture dans vos actes au quotidien
Pour les rendre justes, meilleurs et sensibles au bien.

Dans le creuset de leurs âmes endormies,
Certains êtres prirent conscience qu'une divine alchimie
Réveillait doucement leurs pauvres cœurs endoloris ;
Petit Bonheur ravi,
salua cette quête du bon usage de la vie.

Je serai toujours présent dans vos combats lumineux,
Ceux qui se font oublier et vous rendent plus heureux.
Cultivez les joies simples et vraies,
elles seront votre richesse
Pour parvenir à l'art merveilleux d'une joviale sagesse.

Trois mots !!!

Si trois mots honoraient la création,
Si trois mots jouaient une harmonisation,
Si trois mots accompagnaient l'initiation,
En Vérité, je les appellerais,
Amour, paix et beauté

L'Amour se donne en gage
Comme il se donne en partage.
Fenêtre ouverte sur le ciel
Son message est essentiel.
Il génère la grâce du pardon,
Joie de libération.
Il exalte la compassion
Tendresse d'élévation.

Sur les limons de nos émotions
Il nous fait accomplir d'impossibles missions.
Inépuisable réceptacle
Dieux a choisi l'Amour pour accomplir ses miracles.

La Paix est sans passion
Comme elle est sans illusion,
C'est l'eau calme des ruisseaux
Qui coule, paisible et sans ressaut.
Elle est Mère des tranquillités,
Et dôme des fraternités.
Vestale d'un Temple intérieur,
Elle tient éveillé ce qu'il y a de meilleur,
Laissant dans l'oubli sans fin
Le plus noir de nos desseins.

Sur les chemins de la quête initiatique,
La Beauté éclaire notre humble viatique.
Un simple regard ne peut la trouver,
Seule la foi d'un cœur pur et émerveillé
Contemple en essence toutes choses
Et la joie de leurs métamorphoses.
Effleuré avec grâce par l'Harmonie Première,
L'être se forge dans la densité de sa matière
Pour trouver dans son humble humanité
Le sens de sa vie et sa divine beauté.

Utopique rêverie

Si d'aventure nous cédions
Aux florilèges de notre imagination,
Rêvons avec noble ambition
De voir, en nous, des êtres d'exception.

Imaginons un instant
Qu'au même moment,
Nous ayons pour la Terre
Et pour tous nos Frères
Une pensée brève
D'amour sincère

Des myriades de soleils
De pourpre embraseraient le ciel,
Nous briserions nos chaînes
Pour danser dans la lumière.
Nous nous contemplerions
Aux miroirs des constellations...
Majestueuses et angéliques
Glorieuses, puissantes et magiques
Dieu que nos âmes sont belles
Sans l'ombre d'une querelle !

Écoutez ces harmonies profondes
Aux confins des mondes,
Nos âmes apaisées et fières
Se fondent dans une immense prière,
Et goûtent à l'indicible beauté
De l'univers en majesté.

Que ce voyage dans l'amour des âmes
Et la joie d'une authentique flamme
Enlacent nos désirs d'espérances
Pour la paix de notre monde en errance.

La Prière

Murmures incessants implorant l'Univers,
La prière s'invite dans les pages de nos vies.
Qu'elle soit quête de pardon ou de gratitude,
Qu'elle soit confidence ou refuge de confiance,
Qu'elle soit silence ou recueillement,
Qu'elle soit supplique ou louange,
Qu'elle soit cris de bonheur, de révolte ou de colère,
Qu'elle soit dite dans l'Amour, la Paix ou la Guerre...
Elle est une histoire secrète et singulière,
Une conversation de l'Âme avec l'Esprit du monde
S'élevant avec toute sa puissance
Vers l'ultime pouvoir de l'Espérance.

AU FIL DES SOUVENIRS

Le cœur de l'Homme puise dans ses racines son devenir,

sa force et la confiance en la vie

Inconnu

Ma Maison en Hiver

Sur la grand' rue se tenait fièrement,
au cœur du village,
Une maison, très vieille dame,
sans caractère ni âge.
Elle respirait la vie campagnarde
simple et honorable,
Pleine d'objets surannés
et d'histoires mémorables.

Aux réveils de nuits mordantes d'ère glacière,
Les vitres déformées, vestiges d'un autre siècle,
S'opacifiaient d'un épais rideau dentelé de givre
Laissant le ciel d'hiver disparaître sans vitrine.

Plongée au petit jour, dans un silence de froide
torpeur,
La maisonnée attendait patiemment
de se mettre au labeur.
Son âme figée, me faisait inlassablement guetter
Les premiers signes de vie
jaillir de cet univers gelé.

L'âtre, dans sa bonté,
accueillait petit bois et vieux papiers
Et soudain, par magie
se mettait allègrement à crépiter.
Les flammes rougeoyaient
et grandissaient en danse de vie.
Extasiée, une chaleur pénétrante
m'élevait au paradis.

Alors résonnaient dans la maison
les pas et le verbe patoisant,
Le déjeuner s'ouvrait
sur la chaleur d'un bol de soupe fumant,

Chacun avait sa place
autour de l'imposante table familiale
Et partageait le pain, force de vie,
dans un esprit convivial.

Le quotidien, en une cadence rythmée
par l'heure et les saisons
Distribuait à chacun ses tâches
et sa place dans ce rural horizon.
Je n'étais, en ce temps,
qu'une enfant vivant intensément
Une authentique tendresse,
dans la rudesse de ces hivers d'antan.

Mon village « Lou Frayssé »

Mon cœur s'éveille de vive tendresse,
Aux souvenirs des prairies et vallons de ma jeunesse.
Il y accueille aussi un tout petit village,
Au nom chargé d'un symbolique message.

La maison campagnarde aux pierres d'antan,
S'animait le soir, au retour des champs.
Au profond des hivers, l'humble cheminée
Me contait en secret la mémoire du passé.

Aux premiers bourgeons, je guettais l'hirondelle
Pour vivre dans la nature en petite bergère.
Les blés de messidor me faisaient convoiter
L'entraide des fermiers et la tarte parfumée.

Unique enfant dans un monde de grands,
Heureuse, je vivais leur amour bienveillant ;
Sur un perchoir où les pieds en besace
J'étais de la fête et occupais l'espace.

Il n'est pas un lieu qui ne m'est familier,
Il n'est pas un instant que ne je puisse oublier.
Simplicité des bonheurs, doux et fleuris
Pour asseoir une enfance et la faire grandir.

Nativité

Le silence hivernal étreint mon cœur d'enfant
Mais l'âtre rougeoyant est là, réconfortant.
De toute innocence encore pétrie,
C'est l'Avent et je goûte sa féerie.

La maison de métamorphose se joue,
Fébrile est le ciel rayonnant d'amour,
Joyeux, les santons ont pris cortège,
L'étoile du sapin les invite à la fête.

Le village s'endort, tout de blanc pomponné,
Paisiblement, il attend l'avènement annoncé,
Nuit du mystère, veillée d'Espérance
Noël merveilleux de mon enfance.

Hommage à mes semblables

Un jour, j'ai décidé,
Toute enfant que j'étais,
De vaincre ma timidité,
Pour dire avec force, je sais.

Je sais, c'est un défi que je lance,
D'abattre des moulins,

Comme Don Quichotte avec sa lance,
Il me fallait aider mon prochain.

Mes humanités en poche
Philosopher sur le genre humain
Me parut une évidente approche
Sans omettre droit et lois en chemin.

Comme un tout jeune potache
La tête pleine de doctes civilités,
Je me suis mise d'ardeur à ma tâche
Prête à chambouler la société.

Riches, pauvres ou d'une autre planète
Les cheveux blancs de l'expérience
M'ont fait voir dans ces autres, moi-même,
Valeur et force de toutes nos différences.

Bien plus encore ils m'ont apporté,
Comme une brassée de fleurs,
Ce qui ne s'apprend pas sur un banc d'écolier
Cette certitude et ce bonheur,
Qu'entre nous ce fût une histoire de cœur.

La Mouline

Sous l'imposant noyer,
A la fraîche ombrée,
Un petit banc de bois
M'attendait chaque fois.

Les papilles émoustillées,
Je croquais mon goûter
De douceurs chocolatées
Si tendres et raffinées.

Je gardais un troupeau
De ruminants bestiaux
Sous le regard amusé
De mon aïeul bien aimé.

Le bruit paisible du ruisseau,
Plus vite que l'écho,
M'emportait au royaume des fées,
Où j'étais princesse d'un bel été.

Les ondins habitaient la fontaine
Où brillait une vive lumière
Et son miroir d'eau pure
M'habillait de blanche guipure.

Dans le vénérable corps de ballet
Des joyeuses libellules dorées
J'étais soudain à l'opéra
Et rêvais de Copélia.

Sur les ruines du vieux moulin,
Entrelacé de ronces et de lichens,
Tout au bout du grand pré
Mon imagination flamboyait.

Un profond et mystérieux silence
S'y dégageait dans la luminescence.
Peut-être qu'à l'aube des temps
Apparaîtrait mon prince charmant.

Les aboiements impatients de mon petit compagnon
Me ramenaient doucement à la raison,
L heure se faisait tardive,
Et nous allions quitter cette création festive.

Le battage

A l'Est, scintillait
Le joyau empourpré,
La force de l'été
Vivait son apogée.

Dès la pointe du jour,
Ils étaient debout,
La terre les unissait
D'une franche amitié.

A l'assaut du gerbier,
Les hommes travaillaient,
Donnant pâture
Au monstre sans figure.

Les fétus de paille
Sonnaient mitraille

Et se collaient à eux,
Comme taons aux bœufs.

Le dos fourbu par l'exploit
Ils s'affairaient jusqu'au soir,
Besogneux et l'âme fière,
Dans le bruit et la poussière.

Sous l'immense hangar,
Les femmes avaient leur part,
Avec rires et potins,
Elles dressaient festin.

L'haleine brûlante
De la journée ardente,
Cédait enfin à la nuit,
La fraîcheur d'un puits,

La manne de l'été à l'abri
Et la tâche accomplie,
Les hommes s'ouvraient à la joie
D'un tout nouvel espoir.

Assis autour d'une table
Aux vertus vénérables,
Tous chantaient heureux
La tendre force des lieux.

PARFUMS DE VOYAGES

Partout où tu iras, vas-y avec tout ton cœur.

Confucius

Elle coule... coule...coule, la Seine

Le plateau de Langres accueille sa naissance,
Langoureuse dans sa vallée, elle va florissante,
Généreuse à la Manche elle donne sa plénitude,
Et l'on s'accorde à dire quelle fait notre fortune.

Souveraine, elle l'est de toute éternité ;
Populaire, peintres et poètes l'ont immortalisée.
Superbe, elle séduit pour mieux divertir,
Joyeuse dans les loisirs, elle a su s'investir.

Au labeur des hommes, sa puissance elle apporte
Pour servir le progrès dans son apothéose ;
Elle est si parfaite cette grande Dame
Qu'elle a fait de Paris notre enviée capitale

Montagnes Pyrénées

Tout là haut, sous les étoiles et le soleil,
Des miroirs pailletés aux couleurs d'arc en ciel,
Échevelés par le vent et son droit de cité,
Scintillent de beauté où nul ne peut aller.

Majestueuses, mystérieuses et sacrées,
Jamais grandeur ne fût autant glorifiée.
D'estives en estives, du cœur des pâtres
S'envolent vers les vallées ritournelles et pensées.

Chanter, penser, danser, le regard vers les cimes,
Un rêve mythique s'installe au cœur des rythmes.
Tout parle d'amour et de fascination,
Dans ce pays où légendes et vies se mêlent en
communion.

Occitanie

Brisée de chaleur
Une ombre, par bonheur,
Accueillit vagabonde
Ma pensée courant le monde.

Occitanie, terre des Cathares
Aux sanglantes croisades
Rides profondes à jamais taillées
Dans le cœur des hommes et des rochers.

Paisible, mon esprit s'égrenait
Sur les sentiers rugueux des Parfaits,
Il rejoignait cette longue histoire
Où l'amour des vertus n'a pas de gloire.

Seul, le bruissement du vent,
Généreux et tout puissant,
Défendait en ce jour la citadelle
Et le message sacré des Infidèles.

Perle d'Occitanie

Majestueuse en ocre rose,
En puissante lionne, elle repose,
Et vertueusement dépouillée,
Dresse vers le ciel sa sculpturale beauté.

Sainte Cécile confère à sa cité
Sa noblesse, sa force et sa beauté,
Domptant fièrement à ses pieds,
Son fleuve, et sa fougueuse vivacité.

L'imposant édifice du palais épiscopal
Abrite les richesses de ses galeries d'art
Qu'un jardin à la française finement ciselé
Complète sous le soleil d'énergies colorées .

Loin du catharisme et de ses fièvres meurtrières,
Le poids des ans et la beauté des pierres,
Nous ont laissé de ces croisades sacrées
Cette perle occitane, fleuron de l'humanité.

Dédié à la cathédrale Sainte-Cécile d'Albi, et sa citée épiscopale, patrimoine mondial de l'humanité

Saint-Petersbourg...La belle

Glorieuse cité de la Sainte Russie ,
Les pas du promeneur s'attachent au passé
Des modernes perspectives en quête d'infini,
Surmontées de solennelles façades au classicisme
éclairé.

Les entrelacs chatoyants des mers glacées
Caressent à la nuit tombée un charme désuet,
Celui de ses palais aux envoûtants reflets
Murmurant au vent un nouveau chant de liberté.

Scintillant paradoxe d'un jour sans nuit,
Les « nuits blanches » arrivent sans bruit
Symbole de joie, éclosion de fêtes, fière,
La ville s'enchante de son incomparable lumière.

Quand vient superbe sa Majesté
De blanche hermine satinée,
Nos yeux de splendeur étonnés
Contemplent le point d'orgue de sa beauté.

Troubadour

File les mots, file les jours
Je m'érige en poète d'amour
Et donne ma fière loyauté
A l'intemporelle beauté.

Né au cœur d'une ardente pensée,
J'embrase le fleuron, un nouvel art d'aimer,
Heureuse exaltation et délicate subtilité
D'amour terrestre et d'union sacrée..

Aimer est mon culte et mon credo,
Aimer sublime ma patience et tempère mon égo,
Aimer d'une pure et authentique flamme
Me fait quérir l'absolu et la force de l'âme.

Devant ma noble et belle dame
Par ma foi, je le proclame
Le bonheur savouré de l'amour courtois
Est divin et plein de joie.

A l'avènement de ma langue d'Oc
Sonore comme l'écho dans le roc
J'ai, fine fleur, apporté
Intelligence et majesté.

Sur mes vers, hymnes de floraisons poétiques
Ont vibré des mélodies d'une prenante rythmique,
L'allégresse y est triomphante et mystique
Et mon désir éperdu s'exalte vers le cosmique.

RIRE, HUMOUR ET FANTAISIE

Une journée sans rire est une journée perdue
Charlie Chaplin

Amaury et sa tactique

Amaury Tic Tique
Dans sa p'tite boutique
Marchand de tactique
Et de belles répliques
D'éclat métallique
Au charme mécanique
Modèle historique
Parfois symbolique.
Son regard oblique
Et plein de mimiques
Ingénument indique
Dans une supplique
Sur la voie publique
Quartier sympathique
Sa jolie boutique
Nouvelle réplique
D'une première boutique.
Elle est magnifique
Et surtout magique ....
Cette nouvelle boutique.

Avec sa boîte à musique

Précision logique
De mathématique
C'est automatique ;
Mais l'heure implique
De plier boutique.
D'un air drolatique
Et plutôt comique
Amaury pratique
De la gymnastique
Dans l'esprit d'équipe
D'action rugbystique ;
En forme olympique
Toujours dynamique
D'esprit lunatique
Les jeux du cirque
Exalte sa musique
Dans sa boite à musique
Rue des grands loustiques
Salut d 'Amaury et sa tactique

Poésie humoristique sur rythme de Rap
Idées et inspiration d'Amaury
Mise en scène de Mamy Momo

Chronique villageoise

Il y a des jours choisis
Certainement bénits
Où l'on a tout loisir
De s'occuper d'autrui.

N'est-il pas heureux
De s'oublier un peu
En laissant au vestiaire
Traîner ses affaires ?

Il suffit d'une simple fenêtre
D'yeux embusqués derrière
Épiant, d'une curieuse jubilation,
La rue et son agitation.

C'est foire aujourd'hui
Et fête jusqu'à la nuit,
On se retrouve au camion
Empli de trouvailles et d'occasions.

Va et vient d'acteurs sans doublure
Ballet mal orchestré de voitures,
Les décors sont en naturel
Sous le gris bleu du ciel.

« Tiens, elle a changé de coiffure
Ça ne lui donne pas fière allure !
Quant à lui, il doit ouvrir un magasin
Le voilà avec deux échelles en zinc ! »

«

Tu connais les enfants de Paulo ?
Sa fille doit attendre des jumeaux :
Avec la ferme et tout le tintouin
Salut pour élever les gamins. »

Savoureuse galerie de portraits
Magistralement bien pourléchée
De quoi faire passer à la postérité
Cette sympathique journée.

Point de publication pour cette saga,
Jardin secret elle restera
Pour gens de bonne foi
Qui transforment une foire
En de bien drôles d'histoires !

Éléonore toc- toc,

Dans sa robe d'époque,
D'une joie sans borne,
Elle danse la Gavotte
Et même le Hi-pop.

Dans sa grande forme,
Jamais ne se pose,
Son esprit déborde
D'imagination féconde,

Toujours très drôle,
Sans aucun négoce,
A chacun, elle ordonne
La marche du monde,

Pareille à la rose
Sa passion du rose,
Lui donne
Une impétueuse force.

Très jolie Madone
Que tout le monde adore.
C'est la Fée du Bois dormant
Qui se joue de tous les éléments.

En direct des étoiles,
une « Gémeaux »

Sous le regard curieux de Castor et Pollux
En ce monde terrestre, me voici promue
A une folle et vivante épopée
Qui sera ma vie et ma destinée

Les planètes, en cortège, ont pris rang
Et de leur hymen, en bousculent les bans ;
Puissant, le Soleil me charme d'un discours spirituel
Et la Lune rêveuse flatte mon instinct maternel.

Chaque signe, en sa maison, se veut influent
Et par opposition contrariée, se veut arrogant,
Bien aspecté, Jupiter exalte ma passion
Mais Saturne en Bélier prêche modération.

De géométrie dans l'espace serait-il question
Pour connaître mon cœur et le mettre au diapason ?
Malicieux zéphyr, Mercure m'a susurré
Tu plies, mais ne romps pas, c'est ta liberté.

Sans être infidèle aux deux illustres frères
Dans cette vie, entre ciel et terre,
Je brûle avec Pollux de divines étincelles
Et par Castor enlacée, je reste une terrienne.

Germain est parti dans la lune

Il s'appelle Germain
Et se fait un festin
De prendre le train
Pour rencontrer les copains
Au grand cirque Pinpin ...
Station St Germain
Il me prend la main
Pour descendre du train ...
Sur le mont des sapins
Il perd son train- train.
Quel joli pétrin !!!

Pour trouver le chemin
Du grand cirque Pinpin ...
Tout d'un coup sans entrain
Il perd son gai refrain

Tout d'un coup sans entrain
Il dit ce n'est pas malin
Le cirque Pinpin
Et tous les copains
C'était pour demain.
Je le console enfin...
La tête dans ses mains
Il me dit Valentin
C'est sans fin,
En allant bon train
Je reviendrai demain
Ou à la St Glinglin !!!
Pour voir le cirque Pinpin
Et tous mes copains ...
Mais vous pensez bien
J' suis parti grand train
En laissant Germain
Au mont des sapins ...
Si les vents marins
Emportent Germain
En orbite sans fin,

Il est alors certain
Qu'au mont des sapins
La lune son béguin
Lui donnera la main
Pour l'aimer sans fin...
Mais sans ses copains
Et le cirque Pinpin
Joù sera son train-train
Pour rire avec entrain
De son tendre Béguin,
Dans ses rêves enfantins ?

Inspirations d'Amaury, mise en scène de Mamy Momo

Le Rire...
ou la Philosophie du Bonheur

Pirouette amusée à bon escient,
Le rire salue la vie jovialement.
Il sème à tout vent ses ribambelles
D'éclats et mimiques universelles.

Dans sa quête plus enfantine,
Un rire espiègle se peaufine.
Il joue le fou en souverain
Et jubile à tout va, avec entrain.

Le rire nous berce et nous câline,
Nous transcende et nous illumine.
Il sublime nos sombres humeurs
Et de l'âme, il est le guérisseur.

Complice du soir au matin,
L'humour devient son festin.
Libérant détente et jovialité,
Il cimente la convivialité.

Le rire se joue de rien et de tout,

Compagnon et meilleur atout,
C'est un cadeau que l'on fait en chemin,
Au cœur de notre aimable prochain.

Apanage de notre genre humain,
Il se fait charmeur, doux et malin.
Faiseur de rêves et de tendre gaieté,
De la sagesse, il n'a point démérité.

Le rire est aussi ce grand manifeste
Pointant nos travers d'une ironie modeste,
Puissance et dérision lui font dénoncer
Entraves et mépris de toutes formes de libertés

Joyeux, moqueur, truculent et mordant,
Il est tout cela et croque la vie à pleine dent,
Sa révérence, il la tire à tout moment
Et tient place de joyeux confident.

Si nous souhaitons, à bien des instants,
Rendre notre égo moins pesant,
Simplement, méditons
Cette maxime bien dans le ton...
« Bienheureux celui qui a appris à rire de lui-même,
Il n'a pas fini de s'amuser ! »

Salut petit Scorpion

Sur la sphère magique des constellations
Ton signe s'égrène de puissance et de passion,
Et dans les eaux troublées de la raison
Nage à son aise le ténébreux Pluton.

Stratégiquement lové dans les méandres du cœur
Un silence, secrètement sensible agite tes humeurs,
Et dans la pénombre voilée de l'âme, des profondeurs
Jaillissent ta force et de superbes valeurs.

Jamais tu ne perds une guerre
Et ne sort de luttes dont tu ne sois peu fière,
Tu rêves de vivre ta liberté au grand jour
Mais un monde souterrain te happe chaque jour.

Le magnétisme discret de ton esprit
Sonde sans tapage celui d'autrui,
Tu aimes ou n'aimes pas, c'est ta parade,
Mais quoiqu'il en soit, tu en tires avantage.

.

Semblable à la nature, belle en toute chose
Qui croît sans bruit et se métamorphose
Tu joues sur un étang aux mille fleurs
Les pieds dans la fange et les cieux dans le cœur.

A Grazy,

ROMANTISME ET SENTIMENTS

Aimer, c'est trouver sa richesse hors de soi.

Alain

Bébé d'amour

Sur la montagne des rêves
J'ai déposé mes prières,
Laissant au temps
Les fleurir en passant.

Un jour vint des nuages
Un oiseau aux ailes d'ange,
Il m'assura qu'au firmament,
On célébrait un évènement.

Par une nuit sans voile,
Amicale parmi les étoiles,
La Lune aux reflets d'argent,
Semblait me dire : c'est un enfant. !

Je lui donnerai ma lumière
Et la force des siècles,
Disait tout rayonnant
Le soleil de ce tendre printemps.

Sur terre, arbres et fleurs
Tressaient un lit de douceurs,
Pour accueillir l'incarnation

D'un être de chair et passion.

Voici l'instant souverain
Magique et divin,
Salut joli bébé d'amour
Venu pour embellir nos jours.

Que les chants de l'invisible
Apaisent ton âme sensible
Et ouvrent ton cœur
A la vie et au bonheur.

Mamy Monique
« Naissance d'Amaury »

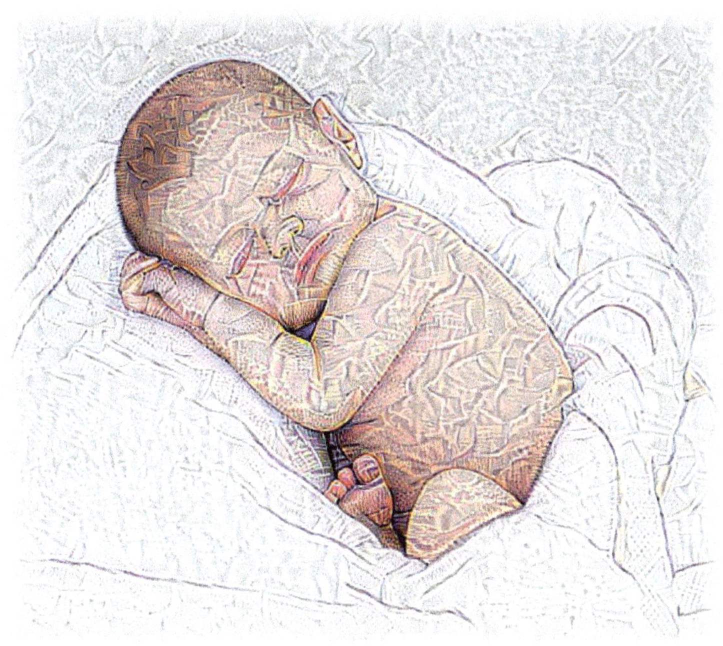

Jolie fleur de Printemps

Petite fée de l'Ether et des Ondes
Qui vient de l'Âme du monde,
Salut à toi ma douce enfant
Fruit de la vie et soleil de printemps.

Tandis que s'accrochent aux étoiles,
Les rêves angéliques de ton histoire,
Ton cœur doucement s'éveille
A de plus terrestres merveilles.

Bercée par l'amour de ta mère,
Portée par la tendresse de ton père,
Tu souris déjà de mille grâces
A l'avenir qui te fait face.

Petite fleur d'espérance
Nous te souhaitons belle chance,
Des joies simples et beaucoup d'harmonie
Pour aimer ton enfance et savoir t'en servir.

Mamie Monique « Naissance d'Éléonore »

La Promesse

Scintillante, la nuit se faisait chaleureuse et profonde,
Généreux prémisses d'une amoureuse rencontre,
La soirée jetait sur mes épaules un voile de douceur
Et l'ivresse frissonnante d'un innocent bonheur.

Je laissais venir à moi l'impatience du plaisir
Celui que toute jeunesse nomme désir.
Mes pensées s'abandonnaient aux lueurs du soir,
Blotties avec ferveur dans une vague d'espoir.

Nos pas dans une douce harmonie s'en sont allés,
La lune amusée les regardait s'accorder
Comme une promesse tendre et joyeuse
Qui se vit dans l'instant et s'annonce heureuse.

Seuls au monde dans l'enchantement de la nuit
Deux cœurs fédérés s'embrasaient sans bruit ;
Touchants et candides, nous engagions notre avenir
Soucieusement adorables, de vouloir à jamais
l'embellir.

Les flonflons de la Rencontre

C'était la soirée d'ouverture, aventureuse et désirable
Impatiemment attendue dans une fièvre palpable,
Les villageois la souhaitaient superbe et très festive
Pour célébrer dignement leur annuelle fête votive.

Jeunes et vieux, se pressaient autour de la place
Prêts à s'élancer au premier tourbillon de danse,
Entraînés par l'orchestre au charme simple et désuet
Investi par quatre musiciens de bonne volonté.

Les flonflons de la musique, agréablement entraînants
Laissaient les bavardages circuler et les cœurs s'écouter,
L'ambiance joyeuse, réunissait dans un même enthousiasme
Les villageois heureux de goûter à ce bain de jouvence.

Ce soir là, étrange surprise, nous fûmes présentés toi et moi,
Et quand nous dansâmes pour la toute première fois,
Mes dix-huit printemps ont fleuri d'un bel émoi,
Prémices d'un destin qui se nouait, ce jour, à cet endroit.

Requête aux époux

Preux chevaliers des temps nouveaux,
A vos dames de cœur devant le très haut,
Avez à genoux juré milles grâces
Qu'amour vertueux et galant jamais ne s'efface

De nos âmes en fleur, vous avez pris le calice,
Et nos corps adulés ont vibré d'harmoniques ;
Mais les tournois de la vie à leur gré vous aspirent
Et s'envolent au vent vos plus belles répliques.

Au fil du temps de plénitudes assurées,
Maternelles tendresses nous avons dispensées ;
Reines sans couronne du foyer nous sommes
Pour votre bon plaisir mes seigneurs gentilshommes

Vos fiers étendards ne claquent plus au vent
Pour saluer noblement vos dames d'antan,
Et n'en déplaise à vos inconséquences,
Vous les habillez de tournures innocentes.

Vos infertiles promesses alimentent les terrils,
Et soufflent sur nos cœurs un étrange péril,
Celui d'assombrir des souvenirs charmants
Dans une lutte d'égo dépourvue d'enchantement.

Mais, si vous louez mes seigneurs, votre bonne fortune,
Remettez donc vos superbes et brillantes armures,
Le serment donné jadis, doit toujours rester aussi fou
Pour garder notre amour tant que durent les jours.

ПАСТЕЛЬ

Nous vieillissons ensemble

L'aube de nos noces,
nous conduisait sur un sentier lumineux,
Laissant s'exprimer à travers la jeunesse
de nos corps vigoureux,
La joie de nos âmes ouvertes
à la puissante beauté de la vie,
Piégeant nos cœurs innocents,
dans l'espoir d'un règne infini.

L'écume des jours a, depuis,
balayé nos forces et nos visages,
Laissant s'échouer, en de nombreux points et rivages,
La houle de nos émotions tumultueuses,
douces et fragiles,
Comme l'étaient nos rêves agitant nos pensées agiles.

La foi aventureuse de nos multiples défis au monde
Ne sont que souvenirs,
à la gloire d'un passé qui remonte,
Nous laissant aller vers un futur rempli d'incertitudes,
Qu'un esprit de sagesse,
s'efforce d'encadrer de plénitude.

Quand le terme d'une vie n'est pas loin de son approche,
Réjouissons nous de l'aborder ensemble, et sans opprobre,
Pour qu'en nos cœurs, respire longtemps cette confiante tendresse,
Témoignage fidèle du pacte d'amour donné dans notre prime jeunesse.

HAÏKUS

Pour nombre d'enfants
Bouddha joyeux espère
Le don scolaire.

Temples abandonnés
Aux grands pieds des fromagers
S'enchaînent d'oubli.

Pétaradants engins
Et chevauchées familiales
Roulent en zigzagant.

Les montagnes bleues
Caressent au Levant
Des paysages de feu.

Mille pétales blancs
Dans le vent tourbillonnant,

Dansent le printemps.

Formes épurées
L'Homme et la Nature
Entrent en zénitude.

REMERCIEMENTS

Ces quelques pages de poésies n'auraient pas fait l'objet d'un recueil, si je n'y avais pas été gentiment encouragée par de très bons amis, Grégory de Bénicourt et mon éditrice, Graziella Haution.

L'occasion m'est ainsi donnée de leur adresser mes très chaleureux remerciements et toute ma reconnaissance pour leur aide complaisante.

Mes remerciements vont également à ma famille : mes grands-parents, oncles, tantes et mes parents.

Grâce à eux, une enfance heureuse, pleine d'affection et de tendresse ainsi qu'une éducation empreinte de respect et de bienveillance, ont guidé mes pas en ce monde et fait resurgir agréablement la mémoire de mon passé.

A mon époux, enfant et petits enfants, j'exprime toute ma fierté et ma gratitude, pour avoir donné à ma vie de femme, de mère et de grand-mère son véritable sens.

Et comme saint Augustin aimait à dire « Quand l'amour grandit en toi, la beauté fait de même, l'amour est la beauté de l'âme »

Cette « prose poétique » est sans prétention, elle se veut libre et sincère. Elle s'enracine dans le passé, rejoint un présent existentiel et enjambe l'avenir pour déposer un jour l'œuvre de sa vie.

Avec des mots simples, des mots de tous les jours, elle chante avec sensibilité et reconnaissance la vie avec ses peines, ses doutes et ses combats, mais aussi une vie avec ses forces, sa sagesse, ses joies et l'espoir que tout évènement vécu a un sens profond qui nous guide vers la connaissance de notre nature spirituelle et de ce pas, vers la perfection de nos âmes.

GOETHE n'a-t-il pas dit ? « C'est le devoir de chaque être de réaliser progressivement la seigneurie de lui-même »

LA VIE !...comment, pourquoi ?... Paul Eluard nous affirme « Il n'y a pas de hasard, il n'y a que des rendez-vous. » Pour moi, ce premier rendez-vous avec la terre se réalisa le sept juin mille neuf cent trente neuf et comme Mère Theresa, je pense que « la vie est un défi à vivre, un bonheur à mériter, une aventure à tenter » pour rendre grâce à la création, dont nous faisons tous partie.

L'auteure

www.ingramcontent.com/pod-product-compliance
Ingram Content Group UK Ltd.
Pitfield, Milton Keynes, MK11 3LW, UK
UKHW062304290726
14090UKWH00017B/872

9 791093 846149